AF310715

TABLEAU

DES FRAIS ET DÉPENS

EN LA COUR ROYALE DE PARIS.

À PARIS,

DE L'IMPRIMERIE DE LEBLANC.

1825.

TABLEAU
DES FRAIS ET DÉPENS
EN LA COUR ROYALE DE PARIS.

PREMIÈRE PARTIE.

MATIÈRES SOMMAIRES.

ARTICLES des TARIF et DÉLIBÉRAT.ˢ	N.ᵒˢ	NATURE DES ACTES.	ÉLÉMENS DU COÛT DES ACTES.	DÉBOURSÉS.		ÉMOLUMENS	
				fr.	c.	fr.	c.
	1	Pouvoir. *S'il y a procuration notariée, en allouer le coût.*	*Déb.* Timbre. . . . . » 35 Enregistrement. 2 20	2	55	»	»
T. 77. D. 1.	2	Requête contenant demande pour abréger les délais dans les cas qui requièrent célérité, y compris vacation pour prendre l'ordonnance.	*Déb.* Timbre. . . . . » 70 Enregistrement de l'or- donnance. 5 50	6	20	»	»
			Emol. Original. . . . . 4 50 Chaque copie, le quart. 1 13	»	»	5	63
T. 29 et 66.	3	Acte d'appel contenant assignation et constitution d'avoué. *Le tarif accordant à l'huissier le quart de l'original par chaque copie, cet article doit être augmenté de 50 c. par partie assignée, du papier de chaque copie, et d'autant de droits d'enregistrement qu'il en aura été payé. — De plus, l'huissier a droit à des frais de voyage, quand il se transporte au-delà d'un demi-myriamètre.*	*Déb.* Original. . . . . 2 » Copie. . . . . » 50 Timbre, 2 demi-feuilles. » 70 Enregistrement. . . . 11 »	14	20	»	»
T. 70, 147 et 158.	4	Acte de constitution d'avoué.	*Déb.* Timbre. . . . . » 70 Enregistrement. . . . 1 10 Huissier. . . . . . . » 75	2	55	»	»

1

ARTICLES des TARIF et DÉLIBÉRAT.ⁿ	N.ᵒˢ	NATURE DES ACTES.	ÉLÉMENS DU COÛT DES ACTES.	DÉBOURSÉS.		ÉMOLUMENS	
				fr.	c.	fr.	c.
T. 81, 147. D. 1.	5	Assistance de l'avoué à l'audience où il est donné acte de la constitution.	Emol.	»	»	2	25
Loi du 28 avril 1816.	6	Enregistrement de l'arrêt sur minute.	Déb. Suivent la mention du receveur.	»	»	»	»
D. 5.	7	Vacation a l'enregistrement.	Emol.	»	»	2	25
	8	Sommation de déclarer s'il y a autres parties en cause.	Comme au N.° 4.	2	55	»	»
	9	Sommation d'audience, ou avenir à la distribution.	Comme au N.° 4.	2	55	»	»
		Si l'acte est signifié à plusieurs Avoués, dans ce cas, ajouter par chaque acte et chaque Avoué,	Déb. Timbre. . . . . , » 35 Huissier. . . . . » 75 Enregistrement. 1 10	2	20	»	»
D. 2.	10	Notice a la mise au rôle.	Déb. Timbre.	»	35	»	»
Loi du 11 mars 1799.	11	Mise au rôle.	Déb. Droit fixe et subvention. 5 50 Indemnité du timbre de la minute au greffier. . . » 75	6	25	»	»
T. 157.	12	Appel de cause dû aux huissiers.	Déb.	1	25	»	»
	13	Acte déclaratif de la chambre, contenant avenir pour plaider.	Comme au N.° 4.	2	55	»	»
	14	Sommation de communiquer les pièces.	Comme au N.° 4.	2	55	»	»
	15	Sommation de consigner l'amende.	Comme au N.° 4.	2	55	»	»
D. 2.	16	Conclusions déposées.	Déb. Timbre.	»	35	»	»
D. 2.	17	Copie du dispositif du jugement dont est appel. *Si le dispositif du jugement est étendu, une feuille 70 c. par huit rôles.*	Déb. Timbre.	»	35	»	»

ARTICLES des TARIF et DÉLIBÉRAT.ˢ	N.ᵒˢ	NATURE DES ACTES.	ÉLÉMENS DU COÛT DES ACTES.	DÉBOURSÉS.		ÉMOLUMENS	
				fr.	c.	fr.	c.
T. 67.	18	Obtention de l'arrêt par défaut contre partie ou avoué, y compris les émolumens des qualités et de la signification de l'arrêt à avoué.	*Emol.*				
			Au-dessous de 1,000 fr. . . .	»	»	15	»
			Jusqu'à 5,000 fr.	»	»	20	»
			Au-dessus de 5,000.	»	»	30	»
T. 145. D. 7.	19	Frais de port de pièces et correspondance.	*Déb.*	20	»	»	»
T. 157.	20	Bulletin d'arrêt dû aux huissiers.	*Déb.*	1	25	»	»
	21	Enregistrement de l'arrêt sur minute.	*Déb.* Suivant la mention du receveur.	»	»	»	»
D. 5.	22	Vacation à l'enregistrement.	*Emol.*	»	»	2	25
	23	Qualités de l'arrêt par défaut non signifiées.	*Déb.* Timbre, 1 feuille par huit rôles.	»	70	»	»
	24	Coût de l'arrêt,	*Déb.* Ce qui sera payé au greffier. .	»	»	»	»
Code de procédure art. 471.	25	Amende consignée.	*Déb.* Droit fixe. . . . . . . 10 » — Subvention. . . . . . . 1 » — Timbre. . . . . » 35	11	35	»	»
	26	Acte de baillé copie de la quittance.	Comme au N.ᵒ 4.	2	55	»	»
T. 70.	27	Signification de l'arrêt par acte d'avoué à avoué.	*Déb.* Timbre d'original. . . . » 35 — Chaque copie, 1 feuille par dix rôles. . . . . » 70 — Huissier. . . . . » 75 — Enregistrement. 1 10	2	90	»	»

ARTICLES des TARIF et DÉLIBÉRAT.	N.^{os}	NATURE DES ACTES.	ÉLÉMENS DU COÛT DES ACTES.	DÉBOURSÉS.		ÉMOLUMENS	
				fr.	c.	fr.	c.
T. 89.	28	Signification de l'arrêt par défaut à partie.	*Déb.* Timbre, 1 feuille par dix rôles. . . . . . . » 70 Timbre de l'original d'exploit. . . . . » 35 Original à l'huissier. . . 2 » Par chaque copie. . . . » 50 Enregistrement par chaque partie. 3 30	»	»	»	»
			Emol. Droit de copie à l'avoué, à raison de 45 c. par rôle.	»	»	»	»
	29	Droit d'obtention de l'arrêt par défaut, profit joint, au cas prévu par l'article 153 du Code de Procédure.	Comme au N.° 18.	»	»	»	»
	30	Qualités.	Comme au N.° 23.	»	70	»	»
	31	Coût de l'arrêt.	Ce qui sera payé au greffier. . .	»	»	»	»
	32	Signification de l'arrêt à l'avoué de la partie défaillante.	Comme au N.° 27.	2	90	»	»
	33	Signification de l'arrêt à la partie qui n'a pas d'avoué.	Comme au N.° 28.	»	»	»	»
	34	Requête d'opposition à l'arrêt par défaut.	*Déb.* Timbre. . . . . » 70 Huissier. . . . . » 75 Enregistrement. 1 10	2	55	»	»
	35	Requête en débouté d'opposition.	Comme ci-dessus, N.° 34. . . .	2	55	»	»
	36	Avenir sur le débouté.	Comme au N.° 4.	2	55	»	»
D. 2.	37	Conclusions déposées.	Comme au N.° 16.	»	35	»	»
D. 2.	38	Dispositif de l'arrêt par défaut.	Comme au N.° 17.	»	35	»	»
T. 145. D. 7.	39	Frais de port de pièces et de correspondance, (s'il n'y a pas eu d'arrêt par défaut).	*Déb.*	20	»	»	»

ARTICLES des TARIF et DÉLIBÉRAT.^s	N.^{os}	NATURE DES ACTES.	ÉLÉMENS DU COÛT DES ACTES.	DÉBOURSÉS.		ÉMOLUMENS	
				fr.	c.	fr.	c.
T. 67.	40	OBTENTION DE L'ARRÊT CONTRADICTOIRE.	*Emol.*				
		Si'l y a plus de deux parties en cause, et si elles ont des intérêts contraires, allouer un quart en sus des droits ci-contre à l'avoué qui aura suivi contre chacune des autres parties.	Au-dessous de 1000 f.	»	»	30	»
			Jusqu'à 5000 f.	»	»	40	»
			Au-dessus de 5000 f.	»	»	60	»
T. 157.	41	APPEL DE CAUSE dû aux huissiers.	*Déb.*	1	25	»	»
			Par chaque bulletin de remise 5 c.	»	»	»	»
	42	ENREGISTREMENT SUR MINUTE.	*Déb.* Suivant la mention du receveur.	»	»	»	»
D. 5.	43	VACATION A L'ENREGISTREMENT.	*Emol.*	»	»	2	25
T. 67.	44	QUALITÉS de l'arrêt contradictoire, et significations desdites qualités et de l'arrêt à avoué.	*Déb.* Original des qualités, 1 feuille par dix rôles. . . . . » 70 — Autant p.^r chaque copie. » 70 — *Id.* pour copie de l'arrêt » 70 — Timbre de l'original. . . » 35 — Huissier, significations des qualités et de l'arrêt. . 1 50 — Enregistrement. 2 20	6	15	»	»
		Si'l y a plus de deux parties en cause, ajouter un quart par chacune d'elles.	Timbre des qualités, par dix rôles. . . . . . . » 70 — *Id.* pour copie de l'arrêt. » 70 — Huissier. . . . . 1 50 — Enregistrement. 2 20	5	10	»	»
		Si'l y a plus de deux parties ayant avoués en cause, ajouter aux déboursés par chaque copie des qualités et de l'arrêt.	*Emol.* Le quart du droit accordé pour l'obtention de l'arrêt, ainsi :				
			Au-dessous de 1000 f.	»	»	7	50
			Jusqu'à 5000 f.	»	»	10	»
			Au-dessus de 5000 f.	»	»	15	»
T. 70.	45	SOMMATION pour être réglé sur l'opposition aux qualités, si elle est formée.	Comme au N.° 44.	2	55	»	»
	46	COÛT DE L'ARRÊT.	Ce qui sera payé au greffier. .	»	»	»	»

2

ARTICLES des TARIF et DÉLIBÉRAT.	N.os	NATURE DES ACTES.	ÉLÉMENS DU COÛT DES ACTES.	DÉBOURSÉS.		ÉMOLUMENS	
				fr.	c.	fr.	c.
D. 6.	47	SIGNIFICATION À DOMICILE DE L'ARRÊT contradictoire et de celui par défaut, lorsqu'il y a débouté.	*Déb.* Timbre de l'original. . . » 35 / Chaque copie, 1 feuille par dix rôles. . . . . » 70 / Original. . . . . 2 » / Huissier, par chaq. copie. » 50 / Enregistrement, par ch. partie. 3 30	»	»	»	»
			Emol. Droit de copie, 45 c. par chaque rôle.	»	»	»	»
D. 8.	48	EN CAS D'INFIRMATION, extrait du dispositif de l'arrêt pour retirer l'amende.	*Déb.* Timbre du dispositif. . . » 35 / Id. de la quittance de retrait. . . . . » 35	»	70	»	»
			Emol.	»	»	3	»
	49	ÉTAT DE DÉPENS.	*Déb.* Timbre.	»	»	»	»

INTERLOCUTOIRES.

ARTICLES des TARIF et DÉLIBÉRAT.	N.os	NATURE DES ACTES.	ÉLÉMENS DU COÛT DES ACTES.	DÉBOURSÉS.		ÉMOLUMENS	
T. 67.	50	OBTENTION DE L'ARRÊT. *Même observation qu'au N.º 40.*	*Emol.* Moitié du droit accordé pour l'arrêt définitif; ainsi :				
			Au-dessous de 1,000 fr. . . .	»	»	15	»
			Jusqu'à 5,000 fr.	»	»	20	»
			Au-dessus de 5,000 fr. . . .	»	»	30	»
T. 67.	51	FRAIS de port de pièces et de correspondance.	*Déb.* Demi-droit.	10	»	»	»
T. 67.	52	QUALITÉS de l'arrêt et significations à avoué desdites qualités et de l'arrêt.	*Déb.* Comme au N.º 44.	»	»	»	»
		Même observation qu'au N.º 44.	*Emol.* Moitié des droits énoncés au N.º 44.	»	»	»	»
	53	COÛT DE L'ARRÊT.	Ce qui sera payé au greffe. . . .	»	»	»	»

ARTICLES des TARIF et DÉLIBÉRAT.ⁿ	N.ᵒˢ	NATURE DES ACTES.	ÉLÉMENS DU COÛT DES ACTES.	DÉBOURSÉS.		ÉMOLUMENS	
				fr.	c.	fr.	c.
D. 6.	54	SIGNIFICATION DE L'ARRÊT A DOMICILE.	*Déb.* Comme au N.º 47.	»	»	»	»
			Emol. Par chaque rôle d'expédition 45 c..	»	»	»	»
T. 67.	55	COPIE DES PROCÈS-VERBAUX D'ENQUÊTE ET D'EXPERTISE.	*Déb.* Huissier. . . . . » 75 Enregistrement. . . . . 1 10 Timbre de l'original. . . » 35 Chaque copie, 1 feuille par dix rôles. . . . . » 70	»	»	»	»
			Emol. Par chaque rôle, 30 c.	»	»	»	»
T. 79.	56	REQUÊTE contenant les faits, en matière d'interrogatoire.	*Déb.* Timbre.	»	»	»	»
T. 67.	57	OBTENTION DE L'ARRÊT qui permet de faire interroger.	Comme au N.º 50.	»	»	»	»
	58	COÛT DE L'ARRÊT.	Ce qui sera payé au greffe. . .	»	»	»	»
	59	SIGNIFICATION DE L'ARRÊT.	Comme au N.º 47.	»	»	»	»
T. 67. et 147.	60	COPIE DU PROCÈS-VERBAL D'INTERROGATOIRE.	*Déb.* Timbre de l'original. . . » 35 Chaque copie, 1 feuille par dix rôles. . . . . » 70 Huissier. . . . . » 75 Enregistrement. 1 10	»	»	»	»
			Emol. Par chaque rôle 30 c.	»	»	»	»

DEUXIÈME PARTIE.

MATIÈRES ORDINAIRES.

ARTICLES des TARIF et DÉLIBÉRAT.	N.os	NATURE DES ACTES.	ÉLÉMENS DU COÛT DES ACTES.	DÉBOURSÉS. fr. c.	ÉMOLUMENS fr. c.
	61	Pouvoir. *Voir la Note du N.º 1.*	Timbre. . . . . » 35 Enregistrement. 2 20	2 55	» »
T. 77.	62	Requête pour assigner à bref délai, compris vacation à l'ordonnance.	*Déb.* Timbre. . . . . » 70 Enregistrement. 5 50	6 20	» »
			Emol. Original. . . . . 4 5o Copie. 1 13	» »	5 63
T. 29.	63	Acte d'appel. *Le transport de l'huissier en sus, quand il a lieu : au-delà d'un demi-myriamètre, et jusqu'à un myriamètre, 4 fr.; par chaqué demi-myriamètre, 2 fr. Au-surplus, comme à la Note du N.º 3.*	Original . . . . 2 » Copie. . . . . » 5o Timbre. . . . . » 70 Enregistrement et sub-vention. . . . . 11 »	14 20	» »
T. 68 et 147.	64	Consultation.	Emol.	» »	20 »
T. 81.	65	Assistance à l'audience où il est donné acte de la constitution.	Emol.	» »	» 25
T. 70.	66	Acte de constitution.	*Déb.* Timbre. . . . . » 70 Huissier . . . . » 75 Enregistrement. 1 10	2 55	» »
			Emol. Original . . . . 1 5o Copie, le quart. . . . . » 38	» »	1 88
	67	Sommation de déclarer s'il y a autres parties en cause.	Comme au N.º 66.	2 55	1 88
	68	Réponse à cette sommation.	Comme au N.º 66.	2 55	1 88
	69	Sommation par l'intimé à l'appelant de consigner l'amende dûe à cause de l'appel.	Comme au N.º 66.	2 55	1 88

ARTICLES des TARIF et DÉLIBÉRAT.s	N.os	NATURE DES ACTES.	ÉLÉMENS DU COÛT DES ACTES.	DÉBOURSÉS. fr. c.	ÉMOLUMENS fr. c.
T. 70. D. 10.	70	AVENIR A L'APPEL DU RÔLE BURSAL.	Comme au N.° 66.	2 55	1 88
		Si l'acte est signifié à plusieurs avoués, ajouter par chaque copie :	*Déb.* Timbre. . . . . » 35 Huissier . . . . » 75 Enregistrement. 1 10	2 20	» »
			Emol. Le quart de l'original par chaque copie.. . . . . » 38	» »	» »
D. 10.	71	NOTICE A LA DISTRIBUTION.	*Déb.* Timbre.	» 35	» »
			Emol.	» »	1 50
	72	DROIT DE MISE AU RÔLE.	Droit fixe et subvention. 5 50 Indemnité du timbre au greffier . . . . » 75	6 25	» »
T. 90.	73	VACATION A LA MISE AU RÔLE.	*Emol.*	» »	2 55
T. 157.	74	APPEL DE CAUSE DÛ AUX HUISSIERS.	*Déb.*	1 25	» »
D. 10.	75	DROIT D'ASSISTANCE A L'APPEL DU RÔLE BURSAL.	*Emol.*	» »	4 50
D. 10.	76	VACATION A LA VÉRIFICATION DU RÔLE.	*Emol.*	» »	2 25
D. 10.	77	ACTE DÉCLARATIF DE LA DISTRIBUTION, avec avenir.	Comme au N.° 66.	2 55	1 88
		Même observation qu'au N.° 70, pour le cas où il y a plusieurs avoués en cause.			
	78	SOMMATION de signifier le jugement dont est appel, s'il n'a été signifié précédemment.	Comme au N.° 66.	2 55	1 88
	79	ACTE DE BAILLÉ COPIE DU JUGEMENT.	*Déb.* Timbre de l'original. . . » 35 *Id.* de la copie, 1 feuille par dix rôles. . . . . » 70 Huissier. . . . . » 75 Enregistrement. 1 10	» »	» »
			Emol. Par rôle. . . . . » 45 Acte de baillé copie. . . 1 88	» »	» »

ARTICLES des TARIF et DÉLIBÉRAT.^s	N.^{os}	NATURE DES ACTES.	ÉLÉMENS DU COÛT DES ACTES.	DÉBOURSÉS.		ÉMOLUMENS	
				fr.	c.	fr.	c.
D. 12.	80	Conclusions signifiées par l'intimé, lorsqu'il suit l'audience.	Comme au N.º 66.	2	55	1	88
T. 82.	81	Plaidoirie de l'avoué à l'arrêt par défaut.	Emol.	»	»	4	50
T. 82. D. 6 mai 1807.	82	Honoraires de l'avocat qui prend l'arrêt par défaut.	Déb.	7	50	»	»
T. 82.	83	Assistance de l'avoué, lorsque le défaut est pris par l'avocat.	Emol.	»	»	1	50
D. 10.	84	Conclusions déposées.	Déb. Timbre, s'il n'a été employé qu'une demi-feuille.	»	35	»	»
			Emol.	»	»	3	»
D. 10.	85	Copie du dispositif du jugement dont est appel.	Déb. Une feuille par huit rôles. . . .	»	»	»	»
			Emol.	»	»	3	»
T. 157.	86	Appel de cause dû aux huissiers.	Déb.	1	25	»	»
	87	Enregistrement de l'arrêt sur minute.	Suivant la mention.	»	»	»	»
D. 11.	88	Vacation à l'enregistrement.	Emol.	»	»	2	25
	89	Amende consignée.	Droit fixe. . . . . 10 » Subvention. . . . . . . 1 » Timbre. . . . . » 35	11	35	»	»
T. 90.	90	Vacation à consigner l'amende.	Emol.	»	»	2	25
T. 70.	91	Acte de baillé copie de la quittance d'amende.	Déb. Timbre. . . . . » 70 Huissier . . . . » 75 Enregistrement. . . . 1 10	2	55	»	»
			Emol. Original . . . . 1 50 Copie . . . . » 38 Copie de la quittance. . » 45	»	»	2	33

ARTICLES des TARIF et DÉLIBÉRAT.ⁿ	N.ᵒˢ	NATURE DES ACTES.	ÉLÉMENS DU COÛT DES ACTES.	DÉBOURSÉS. fr. c.	ÉMOLUMENS fr. ç.
T. 87 et 147.	92	QUALITÉS DE L'ARRÊT PAR DÉFAUT, non signifiées.	*Déb.* Timbre, 1 feuille par dix rôles.	» »	» »
			Emol.	» »	5 63
	93	COÛT DE L'ARRÊT.	Ce qui sera perçu au greffe. . .	» »	» »
T. 89, 147 et 158.	94	SIGNIFICATION DE L'ARRÊT par acte d'avoué à avoué.	*Déb.* Timbre de l'original. . . » 35 / Timbre de la copie, une feuille par dix rôles. » 70 / Huissier. . . . . . . » 75 / Enregistrement. 1 10	» »	» »
			Emol. 45 c. par rôle . . . . . . / Acte de baillé copie. . . » 88	» »	» »
T. 89 et 147.	95	SIGNIFICATION DE L'ARRÊT A DOMICILE.	*Déb.* Timbre de la copie, 1 feuille par dix rôles. . . . . » 70 / Timb. de l'orig. d'exploit. » 35 / Original à l'huissier. . . 2 » / Par chaque copie. . . . » 50 / Enregistrem. par chaque partie. 3 30	» »	» »
			Emol. Droit de copie à l'avoué à raison de 45 c. par rôle. .	» »	» »
T. 82.	96	PLAIDOIRIE A L'ARRÊT PAR DÉFAUT, PROFIT JOINT, au cas prévu par l'art. 153 du Code de Procédure.	Comme au N.º 81.	» »	4 50
D. 10.	97	CONCLUSIONS DÉPOSÉES.	Comme au N.º 84.	» 35	3 »
T. 87.	98	QUALITÉS DE L'ARRÊT PAR DÉFAUT, PROFIT JOINT.	Comme au N.º 92.	» »	5 63
	99	ENREGISTREMENT DE L'ARRÊT SUR MINUTE.	Suivant la mention.	» »	» »
D. 11.	100	VACATION A L'ENREGISTREMENT.	*Emol.*	» »	2 25

ARTICLES des TARIF et DÉLIBÉRAT.ˢ	N.ᵒˢ	NATURE DES ACTES.	ÉLÉMENS DU COÛT DES ACTES.	DÉBOURSÉS.		ÉMOLUMENS	
				fr.	c.	fr.	c.
	101	Coût de l'arrêt.	Ce qui sera perçu au greffe. . .	»	»	»	»
	102	Signification a l'avoué du défaillant.	Comme au N.º 94.	»	»	»	»
	103	Avenir a l'avoué du défaillant pour le jour où la cause sera appelée contradictoirement avec les parties comparantes.	Comme au N.º 66.	2	55	1	88
	104	Signification a domicile, quand le défaillant n'a pas d'avoué en cause, avec assignation au jour où la cause a été remise avec les parties comparantes.	Comme au N.º 95.	»	»	»	»
T. 90.	105	Vacation à requérir du greffier le certificat de non-opposition à l'arrêt par défaut, lorsque cet arrêt doit être exécuté contre des tiers.	Emol.	»	»	2	25
	106	Coût du certificat de non-opposition.	Ce qui sera perçu au greffe. . .	»	»	»	»
T. 75 et 147.	107	Requête d'opposition a l'arrêt par défaut, contenant les moyens.	Déb. Timbre, original, 35 c. par rôle de grosse. . . . . Copie, 1 feuille par six rôles. . Huissier . . . . » 75 Enrégistrement. . . . . . 1 10 Emol. Original, par chaque rôle 3 » Copie, par chaque rôle » 75	»	»	»	»
T. 75 et 147.	108	Requête d'opposition, sans les moyens, dans le cas où ils auraient été précédemment signifiés.	Déb. Timbre. . . . . » 70 Huissier . . . . » 75 Enregistrement. . . . . 1 10 Emol. Original, 1 rôle. . . . . 3 » Copie. . . . . » 75	2	55	3	75
T. 90.	109	Vacation à faire la mention sur le registre tenu au greffe, de l'opposition à l'arrêt par défaut, au cas prévu par les articles 163 et 164 du Code de Procédure.	Emol.	»	»	2	25

ARTICLES des TARIF et DÉLIBÉRAT.^s	N.^{os}	NATURE DES ACTES.	ÉLÉMENS DU COÛT DES ACTES.	DÉBOURSÉS.		ÉMOLUMENS	
				fr.	c.	fr.	c.
	110	REQUÊTE EN DÉBOUTÉ D'OPPOSITION, contenant les moyens de défense.	Comme au N.° 107.......	»	»	»	»
	111	AVENIR SUR LE DÉBOUTÉ.	Comme au N.° 66.......	2	55	1	88
T. 83. et 147.	112	ASSISTANCE A L'AUDIENCE où les qualités sont posées.	Emol.	»	»	4	5o
D. 10.	113	CONCLUSIONS DÉPOSÉES.	Comme au N.° 84.......	»	35	3	»
D. 10.	114	COPIE DU DISPOSITIF DE L'ARRÊT PAR DÉFAUT.	*Déb.* Timbre.............	»	35	»	»
			Emol.	»	»	3	»
T. 72 et 147.	115	REQUÊTE DE L'APPELANT.	*Déb.* Timbre, original par rôle de grosse........ » 35 Copie, 1 feuille par six rôles. Huissier........ » 75 Enregistrement..... 1 10	»	»	»	»
			Emol. Original, par rôle.... 3 » Copie, par rôle..... » 75	»	»	»	»
T. 72 et 147. D. 12.	116	REQUÊTE DE L'INTIMÉ. *Cette requête pourra être signifiée, soit avant, soit après celle de l'appelant, mais après que les qualités auront été posées à l'audience.*	Comme au N.° précédent...	»	»	»	»
T. 72.	117	ACTE DE BAILLÉ COPIE des pièces signifiées pendant l'instance.	*Déb.* Timbre de l'original de l'acte de baillé copie...... » 35 *Id.* de la copie, 1 feuille par dix rôles............. Huissier........ » 75 Enregistrement..... 1 10	»	»	»	»
			Emol. Original de l'acte.... 1 5o Copie......... » 38 Copie des pièces, 45 c. par rôle de vingt-cinq lignes à la page, ou évaluées sur ce pied.	»	»	»	»

ARTICLES des TARIF et DÉLIBÉRAT.^s	N.^{os}	NATURE DES ACTES.	ÉLÉMENS DU COÛT DES ACTES.	DÉBOURSÉS.		ÉMOLUMENS	
				fr.	c.	fr.	c.
T. 70.	118	SOMMATION de communiquer les pièces signifiées ou employées dans la cause.	Comme au N.° 66.	2	55	1	88
T. 91.	119	VACATION à donner et prendre communication des pièces de la cause, et à les rétablir.	Emol.	»	»	4	50
T. 90.	120	VACATION à communiquer les pièces au Ministère public.	Emol.	»	»	2	25
	121	AVENIR à fin de renvoi d'une chambre à une autre, ou d'extraction de cause du rôle.	Comme au N.° 66.	2	55	1	88
	122	CONCLUSIONS DÉPOSÉES.	Comme au N.° 84.	»	35	3	»
	123	ASSISTANCE A L'AUDIENCE.	Comme au N.° 112.	»	»	4	50
T. 71. D. 12.	124	ACTE DE CONCLUSIONS à fin de jonction ou de disjonction.	*Déb.* Timbre d'original et de copie. . . . . » 70 — Huissier. . . . . » 75 — Enregistrement. 1 10	2	55	»	»
			Emol. Original. . . . . 7 50 — Copie. 1 88	»	»	9	38
	125	AVENIR.	Comme au N.° 66.	2	55	1	88
	126	CONCLUSIONS DÉPOSÉES.	Comme au N.° 84.	»	35	3	»
	127	ASSISTANCE A L'AUDIENCE.	Emol.	»	»	4	50
T. 83. D. 13.	128	ASSISTANCE AUX SIMPLES REMISES DE CAUSE, sans qu'il puisse en être alloué plus de trois, non compris la vacation à poser qualités.	Emol.	»	»	4	50
T. 80. D. 6 mai 1807.	129	PLAIDOIRIE DE L'AVOCAT A L'ARRÊT CONTRADICTOIRE.	Déb.	22	50	»	»
T. 86. D. 13	130	ASSISTANCE DE L'AVOUÉ à chaque jour de plaidoirie de la cause.	Emol.	»	»	4	50

ARTICLES des TARIF et DÉLIBÉRAT.ˢ	N.ᵒˢ	NATURE DES ACTES.	ÉLÉMENS DU COÛT DES ACTES.	DÉBOURSÉS.		ÉMOLUMENS	
				fr.	c.	fr.	c.
T. 86.	131	Plaidoirie de l'avoué à l'arrêt contradictoire.	*Emol.*	»	»	15	»
T. 86. D. 13.	132	Assistance à la prononciation de l'arrêt.	*Emol.*	»	»	4	50
T. 145 et 147.	133	Port de pièces et droit de correspondance, par chaque arrêt définitif.	*Déb.*	20	»	»	»
	134	Port de pièces et droit de correspondance, par chaque interlocutoire.	*Déb.*	10	»	»	»
T. 146.	135	Vacation de l'avoué au greffe pour assister sa partie à l'acte de voyage.	*Emol.*	»	»	2	25
T. 146.	136	Frais de voyage, séjour et retour.	A raison de 3 fr. par chaque myriamètre de distance entre le domicile de la partie et la Cour.				
	137	Coût de l'acte de voyage.	Ce qui sera perçu au greffe. . .	»	»	»	»
	138	Signification de l'acte de voyage.	Comme au N.º 94.	»	»	»	»
	139	Bulletin de cause jugée.	*Déb.*	1	25	»	»
			Par chaque bulletin de remise . . . . » 5	»	»	»	»
T. 87. et 147.	140	Qualités de l'arrêt contradictoire.	*Déb.*				
			Timbre, 1 feuille par dix rôles pour l'original. . . . . . » 70 Autant pour la copie. . . . » 70 Huissier. . . . . » 75 Euregistrement. 1 10	»	»	»	»
			Emol. Original . . . . 11 25 Le quart par chaque copie 2 82	»	»	»	»
T. 90.	141	Vacation à former opposition aux qualités, s'il y a lieu.	*Emol.*	»	»	2	25
T. 70.	142	Sommation pour être réglé sur l'opposition.	Comme au N.º 66.	2	55	1	88

ARTICLES des TARIF et DÉLIBÉRAT.ⁿ	N.ᵒˢ	NATURE DES ACTES.	ÉLÉMENS DU COÛT DES ACTES.	DÉBOURSÉS.		ÉMOLUMENS	
				fr.	c.	fr.	c.
T. 90.	143	Vacation au règlement.	*Emol.*	»	»	2	25
	144	Enregistrement de la minute de l'arrêt.	Suivant la mention.	»	»	»	»
D. 11.	145	Vacation a l'enregistrement.	*Emol.*	»	»	2	25
Décret, 16 février 1807, art. 7.	146	Sommation de lever l'arrêt.	Comme au N.ᵒ 66.	2	55	1	88
	147	Coût de l'arrêt.	Ce qui sera perçu au greffe. . .	»	»	»	»
T. 89 et 147.	148	Signification de l'arrêt à avoué.	Comme au N.ᵒ 94.	»	»	»	»
T. 89 et 147.	149	Signification de l'arrêt a domicile.	Comme au N.ᵒ 95.	»	»	»	»
D. 8.	150	Extrait du dispositif de l'arrêt pour retirer l'amende.	*Déb.* Timbre de l'extrait. . . . » 35				
			Timbre de la quittance . » 35	»	70	»	»
			Emol.	»	»	3	»
T. 90.	151	Vacation au retrait de l'amende.	*Emol.*	»	»	2	25
Décret, 16 février 1807.	152	État de dépens.	*Déb.* Timbre.	»	»	»	»
			Emol. Par article. . . . . . . » 15	»	»	»	»

DÉLIBÉRÉS ET INSTRUCTION PAR ÉCRIT.

ARTICLES des TARIF et DÉLIBÉRAT.ⁿ	N.ᵒˢ	NATURE DES ACTES.	ÉLÉMENS DU COÛT DES ACTES.	DÉBOURSÉS.		ÉMOLUMENS	
T. 84.	153	Assistance et observations à l'arrêt qui ordonne une instruction par écrit.	*Emol.*	»	»	7	50
T. 157.	154	Appel de cause dû aux huissiers.	*Déb.*	1	25	»	»
	155	Enregistrement de la minute.	Suivant la mention.	»	»	»	»
D. 11.	156	Vacation a l'enregistrement.	*Emol.*	»	»	2	25

ARTICLES des TARIF et DÉLIBÉRAT.	N.^{os}	NATURE DES ACTES.	ÉLÉMENS DU COÛT DES ACTES.	DÉBOURSÉS fr. c.	ÉMOLUMENS fr. c.
		Suite des DÉLIBÉRÉS ET INSTRUCTION PAR ÉCRIT.			
T. 87.	157	QUALITÉS DE L'ARRÊT.	*Déb.*		
			Timbre, 1 feuille par dix rôles pour l'original.		
			Autant pour la copie.	» »	» »
			Huissier. . . . . » 75		
			Enregistrement. 1 10		
			Emol.		
			Original. . . . . 15 »		
			Chaque copie, le quart. 3 75	» »	» »
	158	COÛT DE L'ARRÊT.	Ce qui sera perçu au greffe. . .	» »	» »
	159	SIGNIFICATION DE L'ARRÊT A AVOUÉ.	Comme au N.º 94.	» »	» »
T. 73.	160	REQUÊTE EN INSTRUCTION par écrit, terminée par l'état des pièces.	*Déb.*		
			Timbre, original, 35 c. par rôle de grosse.		
			Copie, 1 feuille par six rôles. .	» »	» »
			Huissier. . . . . » 75		
			Enregistrement. 1 10		
			Emol.		
			Original, par rôle. . . . 3 »		
			Copie, par chaque rôle. » 75	» »	» »
T. 73.	161	REQUÊTE servant de réponse, avec état des pièces au soutien.	Comme au N.º précédent . . .	» »	» »
T. 91.	162	VACATION pour produire au greffe.	*Emol.*	» »	4 50
T. 70.	163	ACTE de déclaration de production par le demandeur, contenant le nombre des rôles dont la requête est composée.	Comme au N.º 66.	2 55	1 88
T. 70.	164	*Idem* de la part du défendeur.	Comme au N.º 66.	2 55	1 88
T. 91.	165	VACATION pour prendre communication au greffe, de la production du demandeur, et pour le rétablissement de cette production, le tout ensemble.	Comme au N.º 162.	» »	4 50

ARTICLES des TARIF et DÉLIBÉRAT.	N.os	NATURE DES ACTES.	ÉLÉMENS DU COÛT DES ACTES.	DÉBOURSÉS. fr. c.	ÉMOLUMENS fr. c.
		Suite des **Délibérés et Instruction par écrit.**			
T. 71.	166	**Acte** de production nouvelle, sans requête de production ni écritures nouvelles, mais contenant l'état des pièces produites.	*Déb.*		
			Timbre. . . . . » 70		
			Huissier. . . . . » 75	2 55	» »
			Enregistrement. 1 10		
			Emol.		
			Original. 7 50		
			Copie, le quart. 1 88	» »	9 38
T. 90.	167	**Vacation** à produire les nouvelles pièces.	*Emol.*	» »	2 25
C. de P. C. art. 102.	168	**Acte** déclaratif de la production nouvelle.	Comme au N.º 66.	2 55	1 88
T. 90.	169	**Vacation** à prendre communication de la production nouvelle.	Comme au N.º 167.	» »	2 25
T. 73.	170	**Requête** en réponse à la production, laquelle ne peut excéder 6 rôles.	*Déb.*		
			Timbre.		
			Huissier. . . . . » 75	» »	» »
			Enregistrement. 1 10		
			Emol.		
			Original, chaque rôle. . 3 »		
			Copie, par rôle. . . . . » 75	» »	» »
T. 76.	171	**Requête** pour faire nommer un autre rapporteur sur délibéré ou instruction par écrit.	*Déb.*		
			Timbre. . . . . » 35		
			Enregistrement. 5 50	5 85	» »
			Emol.		
			Original.	» »	3 »
	172	**Acte de baillé-copie de la requête.**	*Déb.*		
			Comme au N.º 66.	2 55	» »
			Emol.		
			Copie de la requête. . . » 75		
			Original et copie de l'acte 1 88	» »	2 63

ARTICLES des TARIF et DÉLIBÉRAT.	N.os	NATURE DES ACTES.	ÉLÉMENS DU COÛT DES ACTES.	DÉBOURSÉS. fr. c.	ÉMOLUMENS fr. c.
		Suite des DÉLIBÉRÉS ET INSTRUCTION PAR ÉCRIT.			
T. 90.	173	VACATION pour requérir le greffier de remettre les pièces à M. le Conseiller Rapporteur.	*Emol.*	» »	2 25
T. 90.	174	COMMUNICATION au ministère public.	*Emol.*	» »	2 25
T. 85.	175	ASSISTANCE à l'audience dans laquelle se fait le rapport, y compris les notes.	*Emol.*	» »	7 50
T. 91.	176	VACATION pour retirer les pièces du greffe.	*Emol.*	» »	4 50
T. 87.	177	QUALITÉS DE L'ARRÊT SUR DÉLIBÉRÉ.	Comme au 140.	» »	» 0
T. 87.	178	QUALITÉS DE L'ARRÊT en instruction par écrit. *Le surplus, comme aux N.os 133 à 139, 141 et suivans.*	*Déb.* Timbre de l'original, 1 feuille par dix rôles. . . . . Autant pour la copie. . . . . . Huissier. . . . . » 75 Enregistrement. 1 10	» »	» »
			Emol. Original. . . . . 15 » Chaque copie, le quart. 3 75	» »	» »
		INTERVENTION. — DEMANDE EN DÉCLARATION D'ARRÊT COMMUN. — APPEL INCIDENT ET DEMANDES INCIDENTES.			
T. 68 et 147.	179	CONSULTATION sur l'intervention au profit de l'avoué de l'intervenant seulement. *Ce droit n'est dû que dans le cas où la partie n'était pas encore en cause.*	*Emol.*	» »	20 »
C.d P.C. 339. T. 75.	180	REQUÊTE d'intervention, d'appel incident, et sur la demande en déclaration d'arrêt commun.	Comme au N.º 107; en outre, les copies à raison de 45 c. par rôle évalué et d'une feuille par dix rôles.	» »	» »
T. 75.	181	REQUÊTE EN RÉPONSE.	Comme au N.º précédent. . . .	» »	» »

ARTICLES des TARIF et DÉLIBÉRAT.ˢ	N.ᵒˢ	NATURE DES ACTES.	ÉLÉMENS DU COÛT DES ACTES.	DÉBOURSÉS		ÉMOLUMENS	
				fr.	c.	fr.	c.
		Suite des INTERVENTION ; — DEMANDE EN DÉCLARATION D'ARRÊT COMMUN ; — APPEL INCIDENT ET DEMANDES INCIDENTES.					
T. 71. D. 12.	182	ACTE contenant les moyens et conclusions des demandes incidentes.	*Déb.* Timbre de l'original. . . . . . *Id.* de la copie. . . . . Huissier. . . . . » 75 Enregistrement. 1 10	»	»	»	»
			Emol. Original. . . . . 7 50 Copie, le quart. 1 88	»	»	9	38
T. 71.	183	ACTE servant de réponse.	Comme au N.ᵒ précédent. . . .	»	»	9	38
	184	AVENIR sur les intervention, appel ou demandes.	Comme au N.ᵒ 66.	2	55	1	88
	185	CONCLUSIONS DÉPOSÉES.	Comme au N.ᵒ 84.	»	70	3	»
T. 83.	186	ASSISTANCE à l'audience pour poser qualités et faire joindre.	*Emol.*	»	»	4	50
	187	ENREGISTREMENT DE L'ARRÊT DE JONCTION.	Suivant la mention.	»	»	»	»
D. 11	188	VACATION A L'ENREGISTREMENT.	*Emol.*	»	»	2	25
		Le reste de la procédure comme à l'ordinaire.					
		ENQUÊTES.					
T. 71 et 147.	189	ACTE contenant articulation succinte des faits dont une partie demande à faire preuve.	*Déb.* Timbre, original et copie. 1 40 (On suppose 2 feuilles). Huissier. . . . . » 75 Enregistrement. 1 10	3	25	»	»
			Emol. Original. . . . . 7 50 Copie, le quart. 1 88	»	»	9	38

ARTICLES des TARIF et DÉLIBÉRAT.ˢ	N.ᵒˢ	NATURE DES ACTES.	ÉLÉMENS DU COÛT DES ACTES.	DÉBOURSÉS.		ÉMOLUMENS	
				fr.	c.	fr.	c.
		Suite des ENQUÊTES.					
T. 71. et 147.	190	ACTE contenant réponse au précédent, et dénégation ou reconnaissance des faits.	Comme au N.ᵒ 189.	3	25	9	38
	191	SOMMATION d'audience pour plaider sur les faits.	Comme au N.ᵒ 66.	2	55	1	88
		Le reste de la procédure, jusques et compris l'arrêt qui admet ou rejette la preuve offerte, comme à l'ordinaire.					
T. 76.	192	REQUÊTE à M. le Conseiller Commissaire, à l'effet d'obtenir son ordonnance portant indication des jour, lieu et heure.	*Déb.* Timbre. . . . . » 70 Enregistrement. . . . . 5 50 *Emol.*	6	20	» 3	» »
T. 91.	193	VACATION pour requérir l'ordonnance à l'effet de procéder à l'enquête et de signer le procès-verbal d'ouverture.	*Emol.*	»	»	4	50
T. 29.	194	ASSIGNATION aux témoins, avec copie du dispositif de l'arrêt en ce qui concerne les faits admis, et de l'ordonnance.	*Déb.* Timbre de l'original. . . . . Timbre des copies, une feuille par dix rôles. . . . . . Huissier, original. . . . 2 » Chaque copie. . . . . . » 50 Enregistrement, par chaque témoin. . . . . . 3 30 *Emol.* 45 c. par rôle du dispositif de l'arrêt. . . . . 75 c. par chaque copie de la requête et de l'ordonnance. . .	»	»	»	»

ARTICLES des TARIF et DÉLIBÉRAT.	N.os	NATURE DES ACTES.	ÉLÉMENS DU COÛT DES ACTES.	DÉBOURSÉS. fr. c.	ÉMOLUMENS fr. c.
		Suite des ENQUÊTES.			
T. 29.	195	ASSIGNATION à la partie à l'effet d'être présente à l'enquête.	*Déb.* Timbre de l'original. . . . . . Id. de la copie. . . . . Huissier, original. . . . 2 » Copie. . . . . » 50 Enregistrement. 3 30	» »	» »
			Emol. Par chaque copie des requête et ordonnance. 75	» »	» »
T. 92.	196	VACATION de l'avoué à l'audition des témoins.	*Emol.* Par 3 heures.	» »	9 »
T. 83.	197	ASSISTANCE à l'audience sur le référé ordonné par M. le Commissaire, sur la demande en prorogation de délai.	*Emol.*	» »	4 50
	198	ENREGISTREMENT de la minute de l'arrêt.	Suivant la mention.	» »	» »
D. 11.	199	VACATION à l'enregistrement.	*Emol.*	» »	2 25
	200	PROCÈS-VERBAUX D'ENQUÊTES.	Ce qui sera perçu au greffe. . .	» »	» »
T. 70.	201	ACTE de signification des procès-verbaux à avoués.	*Déb.* Timbre de l'original. . . » 35 Copie, 1 f.lle par dix rôles. » » Huissier. . . . . » 75 Enregistrement. . . . 1 10	» »	» »
			Emol. Original. . . . . 1 50 Copie. . . . . » 38 Copie des procès-verbaux, 45 c. par rôle.	» »	» »
T. 167.	202	TAXE AUX TÉMOINS, y compris leurs frais de voyage.	Suivant l'ordonnance de M. le Commissaire.	» »	» »

ARTICLES des TARIF et DÉLIBÉRAT.ˢ	N.ᵒˢ	NATURE DES ACTES.	ÉLÉMENS DU COÛT DES ACTES.	DÉBOURSÉS.		ÉMOLUMENS	
				fr.	c.	fr.	c.
		Suite des ENQUÊTES.					
T. 71 et 147.	203	ACTE contenant justification des reproches par écrit.	Comme au N.ᵒ 189.	3	25	9	38
T. 71.	204	ACTE EN RÉPONSE.	Comme au N.ᵒ 190.	3	25	9	38
T. 71.	205	ACTE contenant offre de prouver les reproches non justifiés par écrit, et désignation des témoins à entendre sur les reproches.	Comme au N.ᵒ 189.	3	25	9	38
T. 71.	206	ACTE EN RÉPONSE.	Comme au N.ᵒ 190.	3	25	9	38
		La suite de la procédure sur les reproches, comme en matière sommaire, conformément aux art. 290 et 413 du code de Procédure. — Après l'arrêt sur les reproches, la procédure comme en matière ordinaire.					

VÉRIFICATION DES ÉCRITURES.

ARTICLES	N.ᵒˢ	NATURE DES ACTES.	ÉLÉMENS DU COÛT DES ACTES.	DÉBOURSÉS.		ÉMOLUMENS	
T. 92 et 147.	207	VACATION pour déposer au greffe une pièce dont l'écriture est déniée, et assistance au procès-verbal dressé par le greffier de l'état de la pièce.	*Emol.*	»	»	9	»
	208	ACTE DE DÉPÔT.	Ce qui sera perçu au greffe. . .	»	»	»	»
T. 70.	209	SIGNIFICATION de l'acte de dépôt au greffe, de la pièce dont l'écriture est déniée.	*Déb.* Timbre de l'original. . . » 35 *Id.* de la copie. . . . . » » Huissier. . . . . » 75 Enregistrement. 1 10	»	»	»	»
			Emol. Original. . . . . 1 50 Copie. . . . . » 38 Copie de l'acte de dépôt, 45 c. par rôle.	»	»	»	»

ARTICLES des TARIF et DÉLIBÉRAT.[a]	N.os	NATURE DES ACTES.	ÉLÉMENS DU COÛT DES ACTES.	DÉBOURSÉS.		ÉMOLUMENS	
				fr.	c.	fr.	c.
		Suite de la **VÉRIFICATION DES ÉCRITURES.**					
T. 92 et 147.	210	**VACATION** pour prendre communication de la pièce, et assistance au procès-verbal dressé par le greffier.	*Emol.*	»	»	9	»
	211	**PROCÈS - VERBAL** de cette communication, dressé par le greffier.	Ce qui sera perçu au greffe. . .	»	»	»	»
T. 76.	212	**REQUÊTE** pour obtenir l'ordonnance de M. le Conseiller Commissaire, à l'effet de sommer la partie adverse de comparaître à jour et heure certains, pour convenir des pièces de comparaison.	*Déb.* Timbre. . . . . » 70 Enrégistrement. 5 50	6	20	»	»
			Emol.	»	»	3	»
T. 70.	213	**SOMMATION** à la partie de se trouver devant M. le Commissaire, pour convenir des pièces de comparaison.	*Déb.* Timbre. . . . . » 70 Huissier. . . . . » 75 Enregistrement. 1 10	2	55	»	»
			Emol. Original. . . . . 1 50 Copie. . . . . » 38 Copie des requête et or- donnance. . . . . . . » 75	»	»	2	83
T. 92.	214	**VACATION** devant M. le Commissaire, pour convenir des pièces de comparaison.	*Emol.*	»	»	9	»
T. 76.	215	**REQUÊTE** afin d'obtenir l'ordonnance pour sommer les experts de prêter serment, et les dépositaires de représenter les pièces de comparaison.	*Déb.* Timbre. . . . . » 70 Enregistrement. 5 50	6	20	»	»
			Emol.	»	»	3	»

ARTICLES des TARIF et DÉLIBÉRAT.ˢ	N.ᵒˢ	NATURE DES ACTES.	ÉLÉMENS DU COÛT DES ACTES.	DÉBOURSÉS.		ÉMOLUMENS	
				fr.	c.	fr.	c.
		Suite de la **VÉRIFICATION DES ECRITURES.**					
T. 29.	216	**SOMMATION** aux experts et dépositaires des pièces de comparaison.	*Déb.*				
			Timbre de l'original. . . » »				
			Id. de chaque copie. . » »				
			Enregistrement, suivant la mention. . . . . . » »	»	».	»	»
			Huissier, original. . . . 2 »				
			Par chaque copie. . . . » 50				
			Emol.				
			Par chaque copie des requête et ordonnance. . . . . » 75	»	»	»	»
T. 70.	217	**SOMMATION** à la partie d'être présente.	Comme au N.º 213.	2	55	2	63
T 92.	218	**VACATION** pour être présent au serment des experts, à la représentation des pièces de comparaison, et faire les réquisitions et observations.	*Emol.*				
			Par chaque vacation.	»	»	9	»
T. 92.	219	**VACATION** à la confection du corps d'écriture fait par le défendeur, s'il est ainsi ordonné.	*Emol.*	»	»	9	»
	220	**COÛT DU PROCÈS-VERBAL.**	Ce qui sera perçu au greffe. . .	»	»	»	»
T. 159, 160 et 161.	221	**TAXE AUX EXPERTS**, y compris leurs frais de voyage, nourriture et séjour.	Suivant le taux fixé par les art. 159, 160 et 161 du tarif. . .	»	»	»	»
T. 166.	222	**TAXE** aux dépositaires des pièces de comparaison.	Suivant le taux gradué par l'art. 166 du Tarif.	»	»	»	»
T. 70.	223	**SIGNIFICATION** à avoué du procès-verbal de vérification.	*Déb.*				
			Timbre de l'original. . . » 35				
			Id. de la copie, 1 feuille par dix rôles.	»	»	»	»
			Huissier. . . . . » 75				
			Enregistrement. 1 10				
			Emol.				
			Acte de baillé copie. . . 1 88				
			Par rôle d'expédition. . » 45	»	»	»	»

ARTICLES des TARIF et DÉLIBÉRAT.ᵉ	N.ᵒˢ	NATURE DES ACTES.	ÉLÉMENS DU COÛT DES ACTES.	DÉBOURSÉS.		ÉMOLUMENS	
				fr.	c.	fr.	c.
		FAUX INCIDENT CIVIL.					
T. 71 et 147.	224	Sommation à la partie adverse de déclarer si elle veut, ou non, se servir d'une pièce produite, avec déclaration que, dans le cas où elle s'en servirait, le demandeur s'inscrira en faux.	*Déb.* Timbre. . . . . » 70 — Huissier. . . . . » 75 — Enregistrement. 1 10	2	55	»	»
			Emol. Original. . . . . 7 50 — Copie. 1 88	»	»	9	38
T. 71.	225	Déclaration de la partie sommée, signée d'elle ou de son fondé de procuration spéciale et authentique dont il est donné copie, qu'elle entend ou non se servir de la pièce arguée de faux.	Comme au N.ᵒ précédent, en ajoutant aux déboursés le coût de la procuration, et aux émolumens le droit de copie.	»	»	»	»
D. 9.	226	Consultation sur l'inscription de faux.	*Emol.*	»	»	20	»
T. 92.	227	Vacation pour former l'inscription de faux incident au greffe.	*Emol.*	»	»	9	»
	228	Coût de la déclaration d'inscription de faux.	Ce qui sera perçu au greffe. . .	»	»	»	»
T. 70.	229	Signification de la déclaration d'inscription de faux, avec sommation de comparaître à l'audience pour la faire admettre et faire nommer un Conseiller Commissaire. *Le reste de la procédure jusques et compris l'arrêt d'admission et sa signification, comme à l'ordinaire.*	Comme au N.ᵒ 66, en ajoutant aux émolumens 45 c. par rôle d'expédition de la déclaration.	»	»	»	»
T. 92.	230	Vacation pour remettre au greffe la pièce arguée de faux.	*Emol.*	»	»	9	»
	231	Acte de mise au greffe.	Ce qui sera perçu au greffe. . .	»	»	»	»

ARTICLES des TARIF et DÉLIBÉRAT.s	N.os	NATURE DES ACTES.	ÉLÉMENS DU COÛT DES ACTES.	DÉBOURSÉS.		ÉMOLUMENS	
				fr.	c.	fr.	c.
		Suite du FAUX INCIDENT CIVIL.					
T. 70.	232	SIGNIFICATION DE L'ACTE DE MISE AU GREFFE.	Comme au N.° 66, et par rôle d'expédition 45 c.	»	»	»	»
T. 76.	233	REQUÊTE à M. le Conseiller Commissaire, pour faire ordonner l'apport par le dépositaire de la minute de la pièce arguée.	*Déb.* Timbre. . . . . » 70 Enregistrement. 5 50	6	20	»	»
			Emol. Original.	»	»	3	»
T. 92.	234	VACATION pour requérir de M. le Commissaire son ordonnance, à l'effet de faire apporter au greffe la pièce arguée de faux, dont il y a minute.	*Emol.*	»	»	9	»
T. 29.	235	SOMMATION au dépositaire, à l'effet d'apporter la pièce arguée.	*Déb.* Timbre. . . . . » » Huissier, original. . . . 2 » Chaque copie. . . . . . . » 50 Enregistrement, suivant la mention. . . . . . . » »	»	»	»	»
			Emol. Copie des requête et ordonnance. . . . . . . » 75	»	»	»	»
T. 91.	236	VACATION DE L'AVOUÉ AU DÉPÔT DE LA PIÈCE ARGUÉE.	*Emol.*	»	»	4	50
	237	ACTE DE REMISE DE LA PIÈCE.	Ce qui sera perçu au greffe. . .	»	»	»	»
T. 70.	238	SIGNIFICATION dudit acte, avec sommation d'être présent au procès-verbal.	Comme au N.° 66, en ajoutant 45 c. par rôle d'expédition. . .	»	»	»	»
T. 92.	239	VACATION au procès-verbal de l'état des pièces arguées de faux.	Par chaque vacation de 3 heures.	»	»	9	»
	240	PROCÈS-VERBAL DE L'ÉTAT DE LA PIÈCE.	Ce qui sera perçu au greffe. . .	»	»	»	»

ARTICLES des TARIF et DÉLIBÉRAT.ˢ	N.ᵒˢ	NATURE DES ACTES.	ÉLÉMENS DU COÛT DES ACTES.	DÉBOURSÉS, fr. c.	ÉMOLUMENS fr. c.
		Suite du FAUX INCIDENT CIVIL.			
T. 70.	241	SIGNIFICATION DU PROCÈS-VERBAL.	*Déb.* Timbre de l'original. . . » 35 Copie, 1 feuille, par dix rôles. . . . . » » Huissier. . . . . » 75 Enregistrement. . . . . 1 10 *Emol.* Acte de baillé copie. . . 1 88 45 c. par rôle d'expédition. . .	» »	» »
T. 92.	242	VACATION A L'AVOUÉ DU DEMANDEUR, pour prendre, en tout état de cause, communication de la pièce arguée de faux.	*Emol.*	» »	9 »
T. 75.	243	REQUÊTE CONTENANT LES MOYENS DE FAUX.	*Déb.* Timbre de l'original par chaque rôle de grosse. . » 35 Copie, 1 feuille par six rôles. . Huissier. . . . . » 75 Enregistrement. . . . . 1 10 *Emol.* Original, chaque rôle. . 3 » Copie. . . . . » 75	» »	» »
T. 75.	244	REQUÊTE CONTENANT RÉPONSE AUX MOYENS DE FAUX.	Comme au N.ᵉ précédent. . . .	» »	» »
		Le reste de la procédure, jusques et compris l'arrêt d'admission ou de rejet des moyens de faux, et sa signification, comme à l'ordinaire. — En cas d'admission des moyens de faux, et pour la preuve par témoins, voir les N.ᵒˢ 189 et suivans, au titre des Enquêtes. *— Et pour la vérification des pièces arguées de faux et les vacations des experts, voir les N.ᵒˢ 207 et suivans, au titre de la vérification des écritures.*			

ARTICLES des TARIF et DÉLIBÉRAT.s	N.os	NATURE DES ACTES	ÉLÉMENS DU COÛT DES ACTES	DÉBOURSÉS		ÉMOLUMENS	
				fr.	c.	fr.	c.
		INTERROGATOIRE SUR FAITS ET ARTICLES.					
T. 79 et 147.	245	Requête pour avoir permission de faire interroger sur faits et articles, contenant les faits.	*Déb.*				
			Timbre.	»	70	»	»
			Emol.	»	»	22	50
T. 83.	246	Assistance à l'audience, pour obtenir l'arrêt.	*Emol.*	»	»	4	50
T. 157.	247	Appel de cause dû aux huissiers.	*Déb.*	1	25	»	»
	248	Enregistrement sur minute de l'arrêt.	Suivant la mention.	»	»	»	»
R. 11.	249	Vacation a l'enregistrement.	*Emol.*	»	»	2	25
	250	Coût de l'arrêt.	Ce qui sera perçu au greffe. .				
T. 76.	251	Requête a M. le conseiller-commissaire à l'effet d'obtenir son ordonnance, indiquant les jour et heure de l'interrogatoire.	*Déb.*				
			Timbre. . . . . » 35				
			Enregistrement de l'ordonnance. 5 50	5	85	»	»
			Emol.	»	»	3	»
T. 29 et 72.	252	Signification a domicile par l'huissier commis, des requête, arrêt et ordonnance.	*Déb.*				
			Timbre, 1 feuille par dix rôles.				
			Huissier, original. . . . . 2 »				
			Copie. . . . . » 50	»	»	»	»
			Enregistrement, suivant la mention.				
			Emol.				
			45 c. par rôle.				
			Copie des requête et ordonnance. . . . . » 75	»	»	»	»
	253	Vacation à requérir l'ouverture du procès-verbal et à remettre les pièces.	*Emol.*	»	»	4	50
	254	Procès-verbal d'interrogatoire.	Ce qui sera perçu au greffe. . .	»	»	»	»
T. 72.	255	Signification du procès-verbal à avoué.	*Déb.*				
			Timbre de l'original. . . » 35				
			Copie, 1 feuille par dix rôles.				
			Huissier. . . . . » 75	»	»	»	»
			Enregistrement. 1 10				
			Emol.				
			Acte de baillé copie. . . 1 88				
			45 c. par rôle d'expédition. . .	»	»	»	»

ARTICLES des TARIF et DÉLIBÉRAT.ˢ	N.ᵒˢ	NATURE DES ACTES.	ÉLÉMENS DU COÛT DES ACTES.	DÉBOURSÉS.		ÉMOLUMENS.	
				fr.	c.	fr.	c.
		PROCÉDURE SUR LE DÉSAVEU.					
T. 92.	256	Vacation pour former un désaveu au greffe, contenant les moyens, conclusions et constitution d'avoué.	*Emol.*	»	»	9	»
	257	Expédition du désaveu.	Ce qui sera perçu au greffe. . .	»	»	»	»
T. 70.	258	Signification du désaveu dans le cours d'une instance.	*Déb.* Timbre de l'original. . . . . . Id. des copies. . . . . Huissier. . . . . 1 50 Enregistrement. . . . . 2 20 *Emol.* Original... . . . . . . 1 50 Deux copies. . . . . . . » 75 Copie du désaveu, 45 c. par rôle.	» »	»	» »	»
T. 29.	259	Signification du désaveu à domicile, lorsqu'il n'y a pas d'instance.	*Déb.* Timbre. . . . . » » Huissier, original et copie. . . . . 3 » Enregistrement. . . . . 6 60 *Emol.* 45 c. par rôle de l'acte de désaveu.	» »	»	» »	»
		Le reste de la procédure, jusqu'à l'arrêt, comme à l'ordinaire, depuis et compris le N.ᵒ 64.					
T. 91.	260	Vacation pour faire faire mention, en marge de l'acte du désaveu, de l'arrêt qui l'aura rejeté.	*Emol.*	»	»	4	50
		REPRISE D'INSTANCE; ET CONSTITUTION DE NOUVEL AVOUÉ.					
T. 29.	261	Assignation.	*Déb.* Timbre, original et copie. » 70 Huissier, original. . . . 2 » Chaque copie. . . . . . . » 50 Enregistrement, suivant la mention.	»	»	»	»

ARTICLES des TARIF ET DÉLIBÉRAT.[s]	N.os	NATURE DES ACTES.	ÉLÉMENS DU COÛT DES ACTES.	DÉBOURSÉS.		ÉMOLUMENS	
				fr.	c.	fr.	c.
		Suite des REPRISE D'INSTANCE, ET CONSTITUTION DE NOUVEL AVOUÉ.					
T. 71.	262	ACTE de reprise.	*Déb.*				
			Timbre. . . . . » 70				
			Huissier. . . . . » 75	2	55	»	»
			Enregistrement. 1 10				
			Emol.				
			Original. 7 50	»	»	9	38
			Copie. 1 88				
T. 75.	263	REQUÊTE contenant contestation sur la demande en reprise d'instance, laquelle ne peut excéder 6 rôles.	Comme au N.º 170.	»	»	»	»
T. 75.	264	REQUÊTE EN RÉPONSE.	Comme au N.º précédent. . . .	»	»	»	»

RÈGLEMENT DE JUGES.

ARTICLES des TARIF ET DÉLIBÉRAT.	N.os	NATURE DES ACTES.	ÉLÉMENS DU COÛT DES ACTES.	DÉBOURSÉS.		ÉMOLUMENS	
T. 78.	265	REQUÊTE afin d'obtenir permission d'assigner en règlement de juges.	*Déb.*				
			Timbre. . . . . » 70				
			Enregistrement. 5 50	6	20	»	»
			Emol.				
			Original. 11 25	»	»	14	7
			Copie, le quart. 2 82				
		Le surplus comme à l'ordinaire, depuis et compris l'article 63.					

COMPULSOIRE.

ARTICLES des TARIF ET DÉLIBÉRAT.	N.os	NATURE DES ACTES.	ÉLÉMENS DU COÛT DES ACTES.	DÉBOURSÉS.		ÉMOLUMENS	
T. 75.	266	REQUÊTE afin de se faire autoriser à compulser un acte, laquelle ne pourra excéder 6 rôles.	Comme au N.º 170.	»	»	»	»
		Le surplus comme à l'ordinaire.					
T. 92.	267	ASSISTANCE au compulsoire, et dires au procès-verbal.	Par chaque vacation.	»	»	9	»

ARTICLES des TARIF et DÉLIBÉRAT.ˢ	N.ᵒˢ	NATURE DES ACTES.	ÉLÉMENS DU COÛT DES ACTES.	DÉBOURSÉS. fr. c.	ÉMOLUMENS fr. c.
		TIERCE OPPOSITION.			
T. 68. D. 9.	268	Consultation sur la tierce opposition.	*Emol.*	» »	20 »
T. 75.	269	Requête contenant la tierce opposition, principale ou incidente.	Comme au N.ᵒ 107.	» »	» »
T. 75.	270	Requête en réponse.	Comme au N.ᵒ précédent. . .	» »	» »
		Le reste de la procédure comme à l'ordinaire.			
		REQUÊTE CIVILE.			
T. 140. D. 6 mai 1807.	271	Consultation de trois avocats.	*Déb.*	108 »	» »
C. de P. C. art. 494.	272	Amende consignée.	Suivant la quittance.	» »	» »
T. 90.	273	Vacation a la consignation.	*Emol.*	» »	2 25
T. 78.	274	Requête civile principale.	*Déb.* Timbre. . . . . Enregistrement.	» »	» 1.
			Emol.	» »	11 25
C. de P. 495.	275	Assignation avec copie de la consultation, de la quittance d'amende et des requête et ordonnance.	*Déb.* Timbre de l'original. . . . . . Copie par dix rôles évalués. . . . . » 70 Huissier, original. . . . 2 » Copie. . . . . » 50 Enregistrement. 3 30	» »	» »
			Emol. Par chaque rôle évalué.. » 45	» »	» »
T. 68.	276	Consultation sur la requête civile principale.	*Emol.*	» »	20 »
		Le surplus comme à l'ordinaire.			
T. 75.	277	Requête civile incidente.	Comme au N.ᵒ 107.	» »	» »

ARTICLES des TARIF et DÉLIBÉRAT.ˢ	N.ᵒˢ	NATURE DES ACTES.	ÉLÉMENS DU COÛT DES ACTES.	DÉBOURSÉS.	ÉMOLUMENS
				fr. c.	fr. c.
		Suite de la REQUÊTE CIVILE.			
T. 68. D. 9.	278	CONSULTATION SUR LA REQUÊTE CIVILE INCIDENTE.	*Emol.*	» »	20 »
T. 75.	279	REQUÊTE EN DÉFENSE.	Comme au N.ᵒ 107.	» »	» »
		Le surplus de la procédure comme à l'ordinaire.			
		LIQUIDATION DES DOMMAGES-INTÉRÊTS.			
T. 141. et 147.	280	DÉCLARATION des dommages-intérêts.	*Déb.* Timbre de l'original. . . . . . Id. de la copie. . . . . Huissier. . . . . » 75 Enregistrement. 1 10	» »	» »
			Emol. Par article. . . . . » 90 Copie, le quart.	» »	» »
T. 91.	281	VACATION pour déposer au greffe ou donner en communication sur récépissé à l'amiable, les pièces justificatives de la déclaration des dommages-intérêts, et les retirer, le tout ensemble.	*Emol.*	» »	4 50
T. 91.	282	VACATION pour prendre communication des pièces et les rétablir.	*Emol.*	» »	4 50
T. 142.	283	APOSTILLES DE L'AVOUÉ DÉFENDEUR , sur la déclaration.	*Emol.* Par chaque apostille. . . . » 90	» »	» »
T. 71.	284	ACTE d'offres sur la déclaration des dommages-intérêts.	*Déb.* Timbre de l'original et de la copie. . . . . . . » 70 Huissier. . . . . » 75 Enregistrement. 1 10	2 55	» »
			Emol. Original. . . . . 7 50 Copie. 1 88	» »	9 38
	285	ACTE d'acceptation ou de refus des offres.	Comme au N.ᵒ 66.	2 55	1 88
	286	SOMMATION D'AUDIENCE , si les offres sont refusées.	Comme au N.ᵒ 66.	2 55	1 88
		Le surplus de la procédure comme à l'ordinaire.			

ARTICLES des TARIF. et DÉLIBÉRAT.^s	N.^{os}	NATURE DES ACTES.	ÉLÉMENS DU COÛT DES ACTES.	DÉBOURSÉS.		ÉMOLUMENS	
				fr.	c.	fr.	c.
		PÉREMPTION.					
	287	Pouvoir.	Comme au N.° 61.	2	55	»	»
T. 75.	288	Requête en péremption d'instance, qui ne peut excéder six rôles.	Comme au N.° 170.	»	»	»	»
T. 75.	289	Requête en réponse.	Comme au N.° précédent. . . .	»	»	»	»
		La procédure ultérieure comme à l'ordinaire.					
		DÉSISTEMENT.					
T. 71.	290	Acte de désistement signifié d'avoué à avoué et signé par la partie.	*Déb.* Timbre. . . . . » 70 Huissier. . . . . » 75 Enregistrement. 3 30	4	75	»	»
			Emol. Original. . . . . 7 50 Copie. 1 88	»	»	9	38
	291	Signification du désistement notarié.	Comme au N.° 66; plus, le droit de copie dudit acte.	2	55	2	78
T. 71.	292	Acte d'acceptation signé de la partie.	Comme au N.° 290.	4	75	9	38
		En cas d'obtention d'arrêt-donnant acte du désistement, comme à l'ordinaire.					
T. 76.	293	Requête a M. le Président pour obtenir l'ordonnance, afin de rendre la taxe exécutoire, y compris la vacation.	*Déb.* . . . . » 35 Enregistrement de l'ordonnance. 5 50	5	85	»	»
			Emol.	»	»	3	»
T. 70.	294	Sommation de se trouver devant M. le Président, pour voir déclarer la taxe exécutoire.	*Déb.* Timbre. . . . . » 70 Huissier. . . . . » 75 Enregistrement. 1 10	2	55	»	»
			Emol. Original. . . . . 1 50 Copie. . . . . » 58 Copie des requête et ordonnance. . . . . » 75	»	»	2	63

ARTICLES des TARIF et DÉLIBÉRAT.ˢ	N.ᵒˢ	NATURE DES ACTES.	ÉLÉMENS DU COÛT DES ACTES.	DÉBOURSÉS fr. c.	ÉMOLUMENS fr. c.
		Suite du Désistement.			
	295	Coût de l'ordonnance de taxe.	Ce qui sera perçu au greffe. . .	» »	» »
	296	Signification à avoué de cette ordonnance.	*Déb.*		
			Timbre de l'original. . . » 35		
			Id. de la copie. . . . . » 35		
			Huissier. . . . . » 75	2 55	» »
			Enregistrement. 1 10		
			Emol.		
			Acte de baillé copie. . . 1 88		
			Par rôle. . . . . » 45	» »	» »
		**OPPOSITION A EXÉCUTOIRE, OU A LIQUIDATION DE DÉPENS.**			
Décret du 16 février 1807.	297	Acte d'opposition, avec sommation de comparaître à la chambre du Conseil.	Comme au N.° 66.	2 55	1 88
D. 10.	298	Conclusions déposées.	*Déb.*		
			Timbre.	» 35	» »
			Emol.	» »	3 »
Décret du 16 février 1807; et T. 147.	299	Assistance et plaidoirie à la chambre du Conseil.	*Emol.* . . . . . . , . . .	» »	11 25
	300	Qualités et significations à avoué, tant des qualités que de l'arrêt.	*Déb.*		
			Timbre de l'original.		
			Copie.		
			Timbre de la copie de l'arrêt. .	» »	» »
			Huissier. 1 50		
			Enregistrement. 2 20		
			Emol.	» »	7 50
		Par chacune des autres copies, tant des qualités que de l'arrêt.	*Déb.*		
			Timbre de la copie.		
			Huissier. . . . . » 75	» »	» »
			Enregistrement. 1 10		
			Emol. 1 50	» »	» »
	301	Bulletin dû aux huissiers.	*Déb.*	1 25	» »
	302	État de dépens.	*Déb.*		
			Timbre.	» 35	» »

ARTICLES des TARIF et DÉLIBÉRAT.ⁿ	N.ᵒˢ	NATURE DES ACTES.	ÉLÉMENS DU COÛT DES ACTES.	DÉBOURSÉS.		ÉMOLUMENS	
				fr.	c.	fr.	c.
		MATIÈRES CRIMINELLES ET DE POLICE CORRECTIONNELLE.					
		Frais au nom de la partie civile ou contre elle.					
D. 14.	303	ASSISTANCE de l'avoué à chaque jour d'audience.	Emol.	»	»	4	50
D. 14.	304	ACTE DE CONCLUSIONS.	Déb.	2	55	»	»
			Emol.	»	»	9	38

<table>
<tr><td>

DÉLIBÉRATION

du 6 mai 1807.

____
</td><td>

EXTRAIT de la Délibération de la Cour d'Appel de Paris, du 6 mai 1807.

Il a été arrêté que la taxe, en la Cour, des honoraires d'Avocats, serait augmentée de moitié, comme celle des émolumens des Avoués.

</td></tr>
</table>

<hr>

<table>
<tr><td>

DÉLIBÉRATION

du 17 août 1822.

____
</td><td>

EXTRAIT de la Délibération de la Cour Royale de Paris, du 17 Août 1822.

</td></tr>
</table>

Monsieur le Premier Président est invité à mander à la Chambre des Avoués que l'intention de la Cour est :

1.° L'Avoué qui, sur matières sommaires, aura obtenu la condamnation des dépens, remettra, avant la signature de l'arrêt sur la feuille, au Greffier de l'audience, l'état desdits dépens par lui signé, et apostillé par l'un des Membres de la Chambre des Avoués; cet état et le projet de taxe de la Chambre des Avoués seront présentés par le Greffier de l'audience au Président de la Cour, qui en arrêtera la liquidation et en fera faire l'insertion dans le dispositif de l'arrêt, sur la feuille à laquelle l'état demeurera annexé.

Cette liquidation ne comprendra pas les droits sur les qualités, le coût et la signification de l'arrêt : il en sera fait mention.

Si l'Avoué du demandeur a obtenu la distraction contre la partie condamnée, la liquidation sera faite à son profit.

Si l'Avoué demandeur en taxe n'a pas fourni, dans le délai ci-dessus fixé, l'état des dépens adjugés, la liquidation n'en sera pas faite par l'arrêt; elle pourra être opérée par exécutoire, dans les formes ordinaires. En ce cas, les frais de la taxe et de l'exécutoire seront à la charge du demandeur en taxe.

2.° En matières ordinaires, les états ou déclarations de dépens seront signés par les Avoués requérans; les préambules de ces déclarations énonceront les noms des demandeurs en taxe, les noms des parties condamnées, les dates des sentences et arrêts qui auront prononcé la condamnation ou l'emploi des dépens et la distraction au profit de l'Avoué. (Conformément au modèle du préambule N.° 1.er)

3.° Les Avoués demandeurs en taxe joindront aux pièces justificatives de leur déclaration de dépens, les grosses ou copies signifiées, ou copies, par eux certifiées, des sentences et arrêts mentionnés en l'article deux.

10

38

4.º La distraction des dépens sera accordée aux Avoués contre les parties adverses de leurs cliens; elle leur sera aussi accordée en cas de compensation des dépens avec emploi, lorsqu'ils l'auront requise, et qu'ils auront affirmé à l'audience avoir fait l'avance de la plus grande partie des frais de cause d'appel. Si l'Avoué de première Instance a obtenu par un jugement confirmé la distraction des dépens faits en cause principale, l'exécutoire de la Cour sera délivré pour le montant de ces frais en son nom.

5.º Les déclarations de dépens contiendront les frais de cause principale et ceux faits en la Cour. Si, faute d'avoir compris dans les déclarations de dépens ceux adjugés par la sentence confirmée, il est, par suite, nécessaire d'obtenir en la Cour un exécutoire pour la liquidation des dépens de cause principale, le coût de cet exécutoire sera à la charge du demandeur en taxe, sans répétition contre le défendeur.

6.º Les Avoués demandeurs en taxe continueront, suivant l'usage établi, à déposer à la Chambre des Avoués les déclarations de dépens et les pièces justificatives; ils les y laisseront déposées pendant huitaine; l'Avoué défendeur sera averti par la Chambre dans le jour du dépôt: l'Avoué défendeur pourra prendre communication, sans déplacement, de la déclaration et des pièces justificatives, et fournir à la Chambre ses observations verbales ou par écrit: à l'expiration de la huitaine du dépôt, la Chambre des Avoués donnera, par écrit, son avis sur chacun des articles compris en ladite déclaration.

7.º L'avis de la Chambre des Avoués, les observations qui auront été fournies par l'Avoué défendeur, seront joints aux pièces qui seront remises par l'Avoué demandeur au Greffier de la Chambre qui aura rendu l'arrêt. Dans les vingt-quatre heures de la remise des pièces au Greffier, il les présentera à la distribution de Monsieur le Président de la Chambre, qui commettra l'un de Messieurs pour procéder à la taxe: le Greffier, dans le plus bref délai, après cette distribution, remettra les pièces à celui de Messieurs qui aura été commis.

8.º Le Conseiller-Taxateur entendra, s'il le juge à propos, les Avoués, vérifiera chaque article, les taxera en marge de la déclaration, mettra le taxé et son paraphe sur chaque pièce justificative, arrêtera au bas de la déclaration de dépens le montant de la taxe, dont il ordonnera qu'il sera délivré exécutoire, signera son arrêté, le fera remettre au Greffier. Cet arrêté sera daté du jour de la remise qui en sera faite au Greffier de l'audience, qui signera pareillement. (Conformément au modèle de l'arrêté du Conseiller taxateur, N.º 2.)

9.º Dans le plus bref délai, après la remise au Greffier de l'ordonnance de taxe rédigée et signée par le Conseiller taxateur, il sera délivré exécutoire en forme du montant de cette ordonnance. Cet exécutoire sera composé des qualités énoncées au préambule de la déclaration de dépens et de la décision du Conseiller-Taxateur.

MODÈLE DES FORMULES.

N.° 1.er *Préambule des Déclarations de Dépens.*

Déclaration de dépens dont requiert taxe et exécutoire par-devant vous, Monsieur le Président et Messieurs les Conseillers de la . . . . . Chambre,

A. . . . . . . , demandeur,

Contre B. . . . . , défendeur ;

Auxquels ledit B. . . . . a été condamné par sentence du. . . . . . et arrêt du. . . . .

   1.° etc.

Nota. S'il y a distraction au profit de l'Avoué, la déclaration sera faite en son nom.

Nota. Si les dépens ont été compensés avec emploi, la déclaration sera ainsi faite :

Dont requiert taxe par-devant vous. . . . . lesquels dépens, par sentence du . . . . et arrêt du . . . . . . rendu entre A. . . . . et B . . . . ont été compensés avec emploi en . . . . requérant exécutoire pour assurer ledit emploi contre qui de droit.

N.° 2. *Modèle de l'arrêté ou ordonnance du Conseiller-Taxateur.*

Les présens dépens ont été par nous, Conseiller en la Cour royale, taxés et arrêtés, suivant le calcul qui en a été par nous fait, à la somme totale de . . . . , dans laquelle sont entrés les frais de première instance pour la somme de . . . . , savoir : pour les déboursés . . . . . . , et pour les émolumens . . . . . . ; et les frais d'appel pour celle de . . . . . ; savoir : pour déboursés . . . . , et pour émolumens. . . . .

Ordonnons qu'il sera délivré exécutoire de ladite somme totale de . . . . , au profit de A . . . . , contre B . . . . — A Paris, en Cour royale, le . . . .

Nota. S'il y a distraction au profit des Avoués, l'Ordonnance du Conseiller-Taxateur sera rendue au profit de l'Avoué d'appel pour les frais faits en la Cour, et de l'Avoué de

40

première instance, pour les frais par lui faits, s'il est justifié au Conseiller, qu'il en ait obtenu la distraction.

NOTA. Si les frais à taxer ont été compensés, l'Ordonnance l'énoncera ainsi :

Ordonnons qu'il sera délivré exécutoire de la somme totale de . . . . . , au profit de A . . . . . . , contre qui de droit, et aux termes de la sentence du . . . . . . et de l'arrêt du . . . . . , qui en ont ordonné l'emploi en . . . .

Délibération de la Cour Royale de Paris, du 25 novembre 1822.

La Cour arrête que, pour la taxe des dépens, on se conformera à l'avenir aux instructions suivantes :

§ I.er MATIÈRES SOMMAIRES.

ARTICLE PREMIER.

Il sera alloué un émolument de 4 f. 50 c. pour la requête à fin d'obtenir permission d'assigner à bref délai, et 2 f. 25 c. à l'Avoué adverse, pour assistance à l'audience dans laquelle il lui est donné acte de sa constitution.

ART. 2.

Il ne sera passé en taxe que le prix du papier timbré, soit pour la notice à la distribution, soit pour les conclusions déposées, pour la copie du dispositif du jugement dont est appel, ou de l'arrêt par défaut ; et la distribution des causes ne donnera lieu à aucun émolument au profit de l'Avoué.

ART. 3.

Le droit d'obtention d'un arrêt par défaut ou définitif sur incompétence sera déterminé par le Juge, suivant les règles d'évaluation de l'art. 67 du Tarif.

Le droit d'obtention d'arrêt ne sera dû ni à raison de l'appel-incident, ni pour l'arrêt portant que les choses demeureront en état du consentement des parties.

Les interventions, les demandes en garantie, celles en déclaration d'arrêt commun ne donneront pas lieu à un droit particulier d'obtention d'arrêt, sans préjudice, toutefois, du droit accordé à l'Avoué par l'art. 67, lorsqu'il y a plusieurs parties en cause ayant des intérêts différens.

ART. 4.

Les arrêts de renvoi d'une Chambre à l'autre, les arrêts de jonction et les arrêts prononçant qu'il en sera délibéré, ne donneront lieu à aucun émolument.

Art. 5.

Il sera passé une vacation de 2 fr. 25 c. pour la vacation à l'enregistrement sur minute de tous les arrêts soumis à cette formalité.

Art. 6.

Les Avoués auront droit à 45 c. par rôle d'expédition, pour la copie faite et signée par eux des arrêts par défaut ou interlocutoires signifiés à parties.

Aucunes autres pièces signifiées dans le cours du procès ne passeront en taxe.

Art. 7.

Le droit de 10 f. et de 20 f. pour port de pièces et correspondance sera alloué dans les matières sommaires, conformément aux articles 145 et 147 du Tarif.

Les Avoués ne pourront réclamer aucune vacation pour assistance à l'acte de voyage.

Art. 8.

Il sera alloué à l'Avoué de l'Appelant qui aura gagné son procès un émolument de 5 f. pour l'extrait du dispositif de l'arrêt, à l'effet de retirer l'amende.

§ II. MATIÈRES ORDINAIRES.

Art. 9.

Il est dû un droit particulier de consultation sur la tierce-opposition et la requête civile incidentes, de même que sur l'inscription de faux incident civil.

Ce droit ne sera point alloué sur l'appel-incident, la demande en garantie, la demande en intervention, non plus que sur celle en déclaration d'arrêt commun.

Art. 10.

Il sera alloué à titre d'émolument :

3 f. pour la copie du dispositif du jugement ;

3 f. pour les conclusions déposées sur le bureau ;

1 f. 50 c. pour la rédaction de la notice à la distribution.

Seront passés en taxe :

L'avenir à l'appel du rôle bursal :

Le droit d'assistance audit appel ;

42

La vacation à la vérification du rôle;

L'acte déclaratif de la distribution.

Ce dernier acte devra contenir avenir à l'audience pour plaider la cause; si l'avenir est donné par acte séparé, l'un des deux actes ne passera point en taxe.

Art. 11.

Il sera alloué une vacation de 2 f. 25 c. pour la vacation à l'enregistrement des arrêts sur minute.

Art. 12.

L'Intimé pourra signifier ses moyens, soit avant, soit après la signification de la requête de l'Appelant, mais après que les qualités auront été posées à l'audience.

Toutes conclusions, prises hors de la requête, ne passeront en taxe que comme un simple acte d'Avoué à Avoué, sans préjudice des dispositions de l'art. 71 du Tarif, relatives aux demandes incidentes.

Art. 13.

Il ne sera passé aux Avoués que trois remises de cause, indépendamment des assistances aux audiences où la cause sera plaidée ou jugée.

§ III. MATIÈRES CRIMINELLE ET DE POLICE CORRECTIONNELLE.

Art. 14.

Les Avoués d'appel ne pourront réclamer, pour frais faits au nom de la partie civile ou contre elle, soit devant la Cour d'Assises, soit devant la Chambre des Appels de Police correctionnelle, qu'un droit de 4 fr. 50 c. pour assistance à chaque jour d'audience, et un acte de conclusions qui sera taxé à raison de 7 fr. 50 c. pour l'original, et du quart en sus pour chaque copie signifiée.

TABLE.

FIN.

www.ingramcontent.com/pod-product-compliance
Ingram Content Group UK Ltd.
Pitfield, Milton Keynes, MK11 3LW, UK
UKHW021644090726
13657UKWH00004B/1747